LA VÉRITÉ

ET

LA JUSTICE,

OU

LE CRI

DES ROYALISTES FRANÇAIS,

ADRESSÉ A MESSIEURS LES DÉPUTÉS

DES DÉPARTEMENTS.

Par M.ᵣ J. J. EMERIC, Docteur ès Droits de la ville d'Avignon, et Doyen des Avocats de celle de Nîmes.

Que le fils de Henri, si cher à la patrie,
Purge le sol français, de cette horde impie,
Qui trahit ses serments, qui viole sa foi,
Et méconnaît son Dieu, ses Autels et son Roi.

Prix 1 fr. 25 cent.

A AVIGNON,

Chez Pierre CHAILLOT Jeune , Imprimeur-Libraire,
Place-du-Change.

1815.

A MESSIEURS

LES DÉPUTÉS

DES DÉPARTEMENTS.

MESSIEURS,

C'EST à présent que le peuple français peut véritablement se dire représenté auprès du gouvernement. Ce n'est ni l'intrigue, ni la cabale, ni l'esprit de parti, qui a présidé les élections. Ces élections ne sont que l'heureux résultat du véritable amour de la patrie : par les sages précautions qui ont été prises par le plus juste et le plus chéri des Rois lors de la convocation des assemblées électorales, les choix ne sont tombés que sur des personnes digues à tous égards de la confiance du peuple : les électeurs se sont montrés dignes de cette confiance, et vous ne tarderez pas à vous montrer vous-mêmes dignes de leurs choix.

Le droit sacré de pétition, ce droit si naturel que la constitution accorde à tous les citoyens, ne sera plus désormais un droit illusoire. Les vrais amis du Roi et de la Patrie, feront entendre leurs voix : ils s'adresseront aux représentants de la nation avec cette confiance que leur inspirent leurs lumières et leur intégrité : ils leur communiqueront sans crainte leurs idées sur tout ce qu'ils croiront juste et utile pour le bien et le salut de l'état, dans la persuasion intime, que tout ce qui leur paraîtra tel, sera toujours pris en considération. Ce ne sera plus la voix qui criera en vain dans le désert : ce sera la voix qui viendra frapper les oreilles de ceux destinés à l'entendre, et à apprécier le mérite des réflexions qui leur seront soumises.

Comme citoyen, comme ami de mon roi et de ma patrie, je m'empresse de soumettre les miennes sur quelques points principaux auxquels j'attache le repos et le bonheur de la France ; j'ose dire, le salut de l'état, et d'abord sur l'impôt.

Les besoins de l'état étaient déjà très-considérables par les suites de l'ambition insensée d'un atroce usurpateur : ils sont devenus immenses par les nouveaux frais qu'a occasionné son évasion de l'isle d'Elbe.

Il faut nécessairement pourvoir à ces besoins par le moyen des impôts ; c'est une vérité incontestable : comment ces impôts doivent-ils être établis ? On va me répondre, d'une manière égale, sur tous les citoyens, sur chacun proportionnellement à ses facultés : non, on doit s'écarter d'après les différents événements qui sont arrivés en France, des règles et des principes qui dans les cas ordinaires doivent toujours être pris pour base en matière d'impôts. Ces règles et ces principes sont une parfaite égalité : un impôt inégal, c'est-à-dire, un impôt auquel ne contribuent pas également tous les citoyens suivant leurs facultés, ne peut être qu'un impôt injuste et vexatoire : mais aujourd'hui cette parfaite égalité qui doit constituer l'essence et la nature de l'impôt, deviendrait elle-même une injustice et une vexation pour les vrais amis du roi et de la patrie.

Il est incontestable en point de fait, que le retour de Buonaparte, cet éternel ennemi du genre humain, a occasionné des frais énormes auxquels il faut promptement pourvoir; que ce retour n'aurait jamais eu lieu, s'il n'avait été favorisé par les conspirations et les trahisons qui ont éclaté de toute part au moment qu'il a paru sur le territoire français : ce sont donc ceux qui seront reconnus pour traîtres et pour conspirateurs, qui doivent payer les frais qu'ils ont eux-mêmes occasionnés, parce qu'il est également incontestable en droit, que celui qui occasionne le dommage, doit le réparer. C'est donc sur cette classe impie que doit principalement peser l'impôt : que dis-je, Messieurs, elle ne doit avoir aucun impôt à payer. Il faut nécessairement prononcer au profit de l'état, la confiscation de tous les biens des traîtres et des conspirateurs, et cela diminuera d'autant la portion de chaque contribuable, de tous les citoyens qui non-seulement ont toujours restés fidèles au roi et à la patrie, mais ont armé leurs bras et ceux de leurs enfants pour repousser l'usurpateur. Serait-il juste, serait-il raisonnable, que leurs héritiers, si nous avons le bonheur de les voir condamner, comme nous devons l'attendre, à la peine qu'ils ont si justement méritée, vinssent encore insulter, par leurs richesses scandaleuses, à la misère publique ?

La constitution pourrait-elle former un obstacle à cette confiscation, que sollicitent tous les principes de la justice? Ces monstres l'ont-ils respectée cette constitution qu'ils oseraient réclamer? Ne l'ont-ils pas méprisée? ne l'ont-ils pas foulée aux pieds? La nation pourrait-elle se regarder liée envers eux, lorsqu'ils se sont déliés eux-mêmes de toutes les obligations auxquelles ils se trouvaient soumis?

D'ailleurs n'est-il pas certain en matière de droit public, que toutes les constitutions des empires doivent se taire quand il s'agit du salut des états? Que serait devenu l'état? que serait devenu le trône de nos légitimes Souverains, si le succès eût couronné les efforts des conspirateurs? Tout eût été renversé et la France entière déchirée dans toutes ses parties.

Comment les malheureux émigrés qui n'ont quitté le territoire français, que pour se soustraire à une mort certaine, ou pour aller se ranger sous la bannière des lys, se verraient privés de tous leurs biens, lorsque ceux qui, trahissant indignement la confiance dont les avait honorés leur roi, malgré leurs fautes passées, ont fait tous leurs efforts pour renverser son trône, jouiraient paisiblement de leurs immenses fortunes, fruits de leurs rapines! L'idée seule d'une injustice aussi révoltante, est-elle supportable?

Il est une autre classe sur laquelle doit nécessairement peser l'impôt plus que sur toutes les autres; je veux dire, la classe des fédérés complices des conspirateurs, et par conséquent aussi coupables qu'eux, d'après tous les principes connus en matière criminelle. Le but de ces fédérations qui se sont formées sur différens points de la France dans ces derniers tems, n'était autre que de favoriser la criminelle entreprise de l'audacieux usurpateur, de prendre les armes pour lui contre le souverain légitime, et d'assassiner tous les royalistes qui se présenteraient pour défendre son trône. Or quelle différence voudrat-on assigner entre conspirer contre son roi, et seconder les conspirateurs de toutes ses forces, et par tous les moyens qui sont en son pouvoir? Les fédérés sont donc aussi criminels que ceux qui ont ourdi la trame de la plus noire et de la plus odieuse conspiration : ils ont tous

ensemble occasionné les fraix extraordinaires que l'état
est obligé de payer aujourd'hui : ils doivent donc eux
seuls y contribuer également, chacun à proportion de
ses facultés. Le principe est incontestable, et la consé-
quence qui en dérive, ne l'est pas moins.

Enfin il se présente une troisième classe qui doit contribuer à l'impôt plus que les fidèles sujets du roi, celle
des acquéreurs des biens nationaux.

Le roi a bien voulu confirmer toutes les ventes de
ces domaines', quoique presque toutes nulles par les
vices qui infecteraient même les ventes ordinaires et vo-
lontaires, c'est-à-dire, la lésion énormissime qui se ren-
contre dans le prix au moyen des précautions que l'on
prenait pour écarter les oblateurs par les menaces, et les
violences même que l'on employait.

Que les acquéreurs jouissent donc paisiblement de
leurs biens, puisque telle est la volonté du roi : mais
qu'ils payent au moins à l'état une taxe extraordinaire,
puisque dans le cas même de la confirmation des ventes,
ils devraient à l'état le supplément du juste prix.

Quel préjudice souffriront-ils de cette taxe, lorsqu'une
seule des récoltes qu'ils ont perçues depuis leur acquisi-
tion, en a payé le prix et au-delà ? que dis-je ? souvent
la vente d'une paire de bœufs, ou d'un chêne-blanc, a
payé un domaine de trente mille francs. Les exemples de
cette nature sont trop fréquents, pour qu'on ose révo-
quer ces faits en doute : quels sujets de plainte pourront
donc avoir ces acquéreurs contre la taxe que je propose?
quelle raison pourront-ils alléguer qui ne soit réfutée
d'avance par le seul fait d'une jouissance de plus de vingt
ans, d'un bien dont ils n'ont payé, pour ainsi dire,
aucune valeur ? Si jamais taxe a été justement imposée,
ce sera celle à établir sur les domaines nationaux.

L'impôt assis sur les bases que je propose et qui sont les seules à prendre d'après tous les principes de la justice et de l'équité naturelle , il faut encore soulager le peuple dans ce qui restera à payer pour les besoins de l'état , par la suppression de toutes les pensions créées en faveur de tous ceux qui s'en sont rendus indignes par leurs crimes : tels sont les prêtres qui ont abjuré leur religion ; tels sont les militaires qui ont porté les armes contre leur légitime souverain.

N'est-il pas scandaleux de voir un prêtre apostat , ayant abdiqué le caractère sacré dont il était revêtu pour vivre dans les liens du mariage , ne remplissant par conséquent plus aucune fonction ecclésiastique , jouir des mêmes revenus que les vrais ministres de notre sainte religion uniquement occupés à cultiver la vigne du Seigneur ? Ne serait-il pas révoltant de voir les crimes de lèze-majesté récompensés par des pensions de retraite qui ne sont destinées que pour les anciens militaires qui ont bien mérité de leur patrie et de leur roi ?

Après l'établissement de l'impôt les Représentants du peuple auront sans doute à s'occuper de la punition de tous les crimes commis depuis l'évasion de Buonaparte. De cette punition qui doit être exemplaire , dépendent nécessairement le repos des familles , la sûreté des citoyens , et le salut de l'état. Fût-il jamais objet plus digne de l'attention du souverain ?

Il est de vérité éternelle que l'impunité ne sert qu'à enhardir le crime , et qu'elle en est la mère et la nourrice, pour me servir des expressions de Saint Bernard , ch. 5 *des Considérations*. L'expérience que nous venons de faire , serait bien capable de dissiper les doutes à cet égard , s'il pouvait en exister sur un principe dont une fatale expérience consacra toujours la vérité.

En

En montant sur son trône , le roi crut devoir jeter un voile sur le passé : sa clémence l'emporta sur sa justice : tous les crimes furent pardonnés , même ceux dont le souvenir nous glace encore d'effroi. Ce pardon généreux était bien capable sans doute de faire faire aux scélérats un retour sur eux-mêmes , en les pénétrant de reconnaissance pour la bonté du souverain : il produisit un effet tout contraire ; bientôt ces énergumenes nous prouvèrent que tels ils avaient été dans le principe de la révolution , tels ils étaient encore , et tels ils seront tant que leur sang impur coulera dans leurs veines.

En croyant pardonner à l'erreur , le roi ne pardonna donc qu'au crime.

A peine la nouvelle de l'arrivée de Buonaparte en France , et de sa marche rapide vers la capitale par l'effet des trahisons qui étaient ourdies de toute part , commença-t-elle à se répandre , que les menaces contre les royalistes éclatèrent de tout côté. Son entrée dans Paris fut le signal de la proscription : par-tout les fidèles sujets du roi furent insultés et publiquement menacés de vols et d'assassinats : enfin le trône de l'usurpateur parut inébranlable à leurs yeux par toutes les précautions qu'il avait prises pour l'affermir.

Alors leurs ames se développèrent toutes entières. Des listes de proscription furent dressées dans tous les pays , l'amour du souverain légitime regardé comme un crime que la mort seule pouvait expier.

Ces menaces commencèrent à s'effectuer le jour même que son Altesse Royale Monseigneur le Duc d'Angoulème, dont la prudence égala la valeur , se voyant trahi de toute part , crut devoir épargner le sang des braves qui marchaient sous ses étendards , fit une capitulation forcée par les malheureuses circonstances dans lesquelles il se rencontra , et licencia son armée qui ne se retira cependant que pour obéir aux ordres du prince , pénétrée du plus vif regret de ne pouvoir continuer à lui donner des preuves de sa bravoure et de sa fidélité.

Ces braves soldats furent assaillis de toute part dans les différentes routes qu'ils eurent à parcourir pour se rendre dans leurs foyers , dépouillés de leurs armes et de leurs vêtemens , et la plupart accablés de coups. Isolés et dispersés , ils n'avaient plus qu'une vaine résistance à opposer à la fureur des satellites de Buonaparte qui se réunissaient sur tous les points de leur passage. Ce jour fut un véritable jour de deuil et de douleur pour les amis du roi, qui ne purent que leur fournir asile et les petits secours dont ils avaient besoin dans le moment. Le souvenir de cette triste journée déchire encore mon ame. J'ai entendu moi-même les plaintes de ces malheureux , et le récit fidèle que me firent ceux qui vinrent se réfugier à une campagne que je possède dans le territoire d'Avignon à une lieue et demie de la ville , de tous les outrages et de tous les excès auxquels ils s'étaient livrés à leur égard.

Depuis lors fut formé et exécuté le projet criminel des fédérations : tout ce qu'il y avait de scélérat dans les différens pays , d'après les invitations qui étaient faites par des chefs bien connus, vint s'affilier dans les villes principales , et bientôt se trouvèrent partout organisées de compagnies de voleurs et de sicaires.

Ces fédérations n'avaient d'autre but , que la destruction du trône des Bourbons , le pillage et l'assassinat. Des guillotines étaient déjà préparées à Marseille et à Aix , et dans tous les pays se trouvaient dressées des listes de proscription. Bientôt il se forma partout des attroupemens considérables , qui se répandaient ensuite dans les campagnes, et se livraient à tous les excès envers leurs paisibles habitants. Le pont de la Durance, près de Caumont, sur la route d'Avignon, fut un des principaux points de ralliement : les passages furent interceptés pendant quelques jours, et plusieurs maisons des villages circonvoisins livrées au pillage.

C'en était fait de tous les royalistes, si les braves Marseillais n'étaient venus donner l'éveil. Les clubs, les comités de surveillance allaient se former, les listes des suspects se dresser avec l'autorisation du gouvernement infernal sous lequel nous eussions vécus, témoin la motion 'd'un des monstres soi-disants représentants la nation, tendante à mettre hors la loi les royalistes, leurs ascendants et descendants : on nous eût successivement emprisonnés et conduits à l'échafaud comme dans les premiers tems de la révolution : on peut même assurer que le nombre des victimes eût été plus considérable, parce que le glaive devait frapper tous ceux qui avaient donné des preuves de leur attachement et de leur amour pour le roi, c'est-à-dire, plus des trois-quarts des Français.

Heureusement la ville de Marseille, (graces immortelles lui soient rendues) fournit l'exemple d'un courage héroïque, malgré les circonstances pénibles dans lesquelles elle se trouvait, entourée de toute part des satellites du tyran.

La ville de Mende, dans le département de la Lozère, sans savoir ce qui se passait à Marseille, enflammée du même amour pour son roi, secoua aussi, deux ou trois jours après, le joug de la tyrannie, et arbora le drapeau blanc. Ces deux cités ont ainsi devancé toutes les autres dans la carrière de l'honneur et de la véritable gloire, et occuperont à jamais une place distinguée dans nos annales.

Ces exemples de dévouement indiquèrent à tous les

amis du roi, la route qu'ils avaient à suivre : ils coururent aux armes : bientôt leur noble attitude et quelques combats particuliers qui furent livrés avec ce courage qu'inspire le véritable amour de la patrie, semèrent l'effroi et l'épouvante parmi ces brigands, et déconcertèrent leurs sinistres projets.

Telle est la conduite des partisans de Buonaparte depuis son retour en France : tels ont été les excès auxquels ils se sont abandonnés : tels sont les crimes qu'ils avaient projeté de commettre.

Ce retour fut avec raison regardé comme un nouveau fléau qui venait affliger la France ; on peut dire, l'Europe entière, d'après les principes bien connus de ce monstre, et la conduite qu'il avait tenue pendant tout le tems de son usurpation : cependant à bien considérer les choses, on pourrait l'envisager comme une faveur du ciel. Le roi ayant jeté un voile sur le passé, et pardonné tous les crimes commis pendant la révolution, les bons Français, autant par amour pour leur roi, que par l'effet de leur générosité naturelle, applaudirent à cet acte de clémence : ils crurent que pénétrés de la plus vive reconnaissance, les coupables né tarderaient pas à abjurer leurs erreurs, et ne formeraient bientôt plus avec les victimes qu'ils avaient si cruellement déchirées, qu'une seule et même famille, que le repentir et l'amour allaient naturellement attacher au chef dont la tendresse paternelle ne pouvait être méconnue. Ils étaient, ces bons Français, dans une bien grande erreur, erreur cependant que je n'ai jamais partagée ; je le dis à ma gloire ou à ma honte : je connaissais trop bien la marche de la révolution, la conduite de ses partisans dans ses différens périodes pour ne pas demeurer convaincu, que le feu ne fesait que couver sous la cendre, et que le moindre souffle nous préparait un incendie plus funeste encore que celui qui venait de s'éteindre. Je n'ai malheureusement que trop bien jugé, le retour de Buonaparte en France, fut le signal de la révolte et le tocsin du crime : tous les masques tombèrent, et ses satellites se montrèrent à l'instant et partout à visages découverts.

Le ciel a donc visiblement permis ce retour, moins pour préparer à ce monstre une nouvelle chute plus terrible que la première, que pour faire connaître au roi, toujours trop bon, toujours trop généreux, tous ses ennemis et ceux de l'ordre social que la France renfermait encore dans son sein.

La ligne de démarcation est à présent tirée : il est impossible de pouvoir se méprendre. Il ne s'agit donc plus que de séparer l'ivroie du froment : il est démontré que la gangrène est au corps social : il faut donc couper tous les membres attaqués pour sauver le reste du corps.

Sans doute, d'après tous les principes du droit, ceux qui se sont déclarés ouvertement ennemis du roi et partisans de Buonaparte, tels que les fédérés, qui ont pris les armes pour ce dernier contre leur légitime souverain, qui l'ont aidé et favorisé dans sa course criminelle, qui ont par leurs dons antipatriotiques soutenu son audacieuse entreprise, qui se sont portés à des excès contre les royalistes dont ils ne prononçaient les noms qu'avec exécration et dans une espèce de fureur, devraient être mis hors la loi.

L'infernale assemblée, connue sous le nom de Convention, mit, par un décret solennel, les aristocrates hors la loi, sans désigner ceux qui devaient être regardés comme tels ; de manière qu'on pouvait impunément assassiner tout ce qui se présentait de gens honnêtes. Ces aristocrates n'avaient cependant fait aucun mal : ils n'étaient

coupables d'autre crime, que celui de ne pas se déclarer
partisans d'une révolution destructive de tout ordre
et de tout principe. Combien 'plus juste et plus salu-
taire ne serait pas une pareille mesure à l'égard des
buonapartistes déjà couverts de tous les crimes? Ne
pourrait-on pas même soutenir que le salut de l'état
l'exige impérieusement? Ne les entend-on pas dire encore
hautement que si les Bourbons règnent en France, nous
avons dans deux ou trois ans une autre révolution?

Qu'on ose donc me soutenir qu'il ne faille pas d'après
ces infames propos, et tant d'autres de cette espèce qu'ils
ont l'audace de répéter tous les jours, prendre toutes les
mesures que la sagesse et la prévoyance humaine peuvent
suggérer, pour que ces ennemis effrénés du trône, de tout
ordre et de toute loi protectrice des personnes et des
propriétés, soient à jamais dans l'impuissance d'engendrer
de nouveaux malheurs et de déchirer encore une fois
notre chère patrie. Qu'on ne me dise pas aussi que les
Français ne doivent plus former qu'une seule famille que
le même esprit anime, et le même désir enflamme : Plût
au ciel que ce grand miracle pût s'opérer ! Les vrais Français sont toujours prêts par amour pour leur roi à sacrifier leur juste ressentiment au bien public, à la paix, à
l'union. Mais peut-on se flatter de rencontrer les mêmes
dispositions dans les jacobins et les buonapartistes qui se
sont réunis dans ces derniers tems? Non : des expé-
riences trop souvent répétées nous ont prouvé que telle
classe d'homme est incorrigible, et la science de l'expérience est la plus sûre, et la seule infaillible. Le tems de
la clémence est passé ; celui de la justice est arrivé. Il
faut donc punir, puisque la punition est le seul remède
efficace qu'il soit désormais permis d'employer pour le
salut de l'état.

La *mise hors la loi* serait sans contredit la plus efficace mesure à prendre : cependant la crainte qu'un innocent, ou une personne simplement égarée , pût être confondue avec les vrais coupables, doit la faire écarter, pour recourir à la justice, dont la marche éclairée préviendra toutes les erreurs funestes dans lesquelles on pourrait tomber.

Il importe donc au salut de l'état, au bonheur et à la sûreté des citoyens, d'établir promptement dans toutes les principales villes du royaume, des tribunaux spéciaux pour juger tous ceux qui se sont rendus coupables de trahison, de rébellion, et d'excès contre les amis du roi depuis l'entrée de Buonaparte en France. (*) Il faut surtout que les poursuites soient dirigées par les procureurs que le roi nommera pour remplir les fonctions du ministère public avec toute l'activité et toute l'attention que les circonstances exigent : il faut que ces procureurs du roi soient bien connus par leur attachement, leur fidélité et leurs lumières, qu'ils soient impassibles comme la loi, et inaccessibles par conséquent à toute espèce de crainte, de faveur et de protection : la moindre négligence à cet égard , le moindre oubli des devoirs, deviendrait un attentat à la sûreté de l'état.

Je l'ai déjà dit : je le répète, et le répéterai toujours : la ligne de démarcation est tirée , il faut séparer les méchants des bons : il faut prévenir de nouveaux crimes et de nouveaux malheurs : il est aujourd'hui démontré, qu'un nouveau pardon ne pourrait que devenir funeste. Il est tems enfin que la France redevienne ce qu'elle était au-

---

(*) Le jugement scandaleux d'un tribunal de police correctionnelle dont les gazettes ont fait mention, nécessite l'établissement des tribunaux spéciaux.

trefois, le modèle de toutes les nations par ses connaissances, son affabilité et la douceur de ses mœurs. Un
seul moyen se présente pour qu'elle reprenne bientôt
le haut point de gloire où nous l'avons admirée autrefois,
celui de purger son sol de tous les scélérats qui le souillent;
cet oracle est bien plus sûr, que celui de Calchas.

La déportation et la mort avec confiscation de bien des
grands coupables, tels que les infames généraux qui ont
trahi la confiance que la trop grande bonté du roi leur
avait accordée ; tous ces conspirateurs qui, abjurant toute
humanité et sacrifiant sans pitié à leur intérêt personnel
les destinées de tant de millions d'hommes, ont froide-
ment combiné, préparé et exécuté le projet de ramener
Buonaparte, vrai fléau de l'Europe, et n'ont pas craint
d'abandonner leur patrie au pillage, à l'incendie, et à
une ruine entière ; crime le plus exécrable et le plus
monstrueux en perversité qui ait peut-être été commis
sur la terre ; la déportation ou la mort, dis-je, avec confiscation de biens pour payer les frais de la guerre qu'ils ont
occasionnée, voilà leur partage : que les uns expient par
la mort tous les crimes qu'ils ont commis, et que les
autres qui ont témoigné tant d'aversion pour le gouvernement paternel qu'ils ont cherché à détruire par tant de
moyens, aillent dans des climats sauvages traîner avec les
bêtes féroces auxquelles ils ressemblent si parfaitement, le
reste d'une vie passée dans le crime.

Et qu'on ne me dise pas que le nombre des coupables
est trop considérable pour que la punition puisse s'é-
tendre sur tous.

Détestable logique ! le nombre en est trop grand,
sans doute : mais plus il est considérable, et plus la
mesure doit être générale, à moins qu'on ne veuille
soutenir

soutenir qu'il faut laisser subsister un foyer qui puisse au besoin occasionner un nouvel incendie.

Qu'on ne dise pas aussi , que la plupart de ces malheureux ne doivent être regardés , que comme de personnes simplement égarées : il peut y en avoir , j'en conviens , mais le nombre est infiniment petit , et pour demeurer convaincu de cette vérité , il ne faut qu'avoir entendu leurs hurlemens et leurs imprécations, contre les Bourbons et les royalistes lors du licenciement de l'armée de son Altesse Royale Monseigneur le Duc d'Angoulême , et des promenades publiques et triomphales de ce buste qui n'était propre qu'à être traîné dans la boue. Ce qui s'est passé dans Avignon et ses environs , est aussi arrivé dans toutes les villes qui se sont ouvertement manifestées contre leur souverain ; de manière que dans l'exacte vérité , il serait possible de soutenir qu'ils doivent tous être regardés comme des chefs.

On a dit long-tems en France , et on a eu raison de le dire , que la queue de Robespierre n'était pas morte : on peut ajouter que celle de Buonaparte est bien plus longue encore ; il faut donc les couper toutes les deux entièrement , pour que le venin qu'elles exhalent ne viennent plus empoisonner la France. Mais en coupant la queue , il ne faut pas sans doute laisser la tête intacte. Le plus grand coupable du monde entier , le monstre le plus horrible qui ait jamais épouvanté la terre , l'ennemi éternel du genre humain , n'expiera peut-être pas les forfaits de tous les genres qu'il a commis par un exil dans une île , où il trouvera encore divers amusemens pour calmer ses ennuis , tout comme si on n'avait à lui reprocher que quelques écarts de jeunesse , que viendrait excuser , la faiblesse ou la passion de l'âge. Une pareille impunité aurait-elle d'exemple , et l'Europe en

C

tière n'en serait-elle pas révoltée ? Entendez, Messieurs, les manes plaintifs de ces millions d'hommes que le monstre a immolé à son ambition , à ses caprices et plus encore à son goût destructeur : ils réclament tous justice , pourriez-vous la refuser et ne pas chercher à les apaiser en déterminant une peine proportionnée à l'énormité des crimes commis ? pourriez-vous sur-tout oublier que l'ombre de ce jeune héros , digne successeur des Condés , objet éternel des pleurs et des regrets de tous les vrais français , erre dans cette enceinte et plane sur vos têtes ?

Il est enfin une dernière opération à faire non moins importante et non moins pressante , celle du renouvellement des tribunaux et des administrations.

Serait-il possible de laisser subsister plus long-tems des tribunaux qui ont eu la bassesse et l'infamie de prêter serment de fidélité à l'usurpateur au moment même , pour ainsi dire , qu'ils venaient de le prêter au souverain légitime , qui se jouent ainsi de tout ce qu'il y eut de plus sacré parmi les hommes , et qui ont joint encore à ce serment les dons qu'ils appelaient patriotiques , pour aider à combattre les amis de leur roi et de leur patrie ? ne se sont-ils pas armés eux-mêmes en faveur de l'usurpateur qui cherchait à se maintenir sur le trône des Bourbons ? Car quelle différence y a-t-il et peut-il y avoir , entre celui qui prend les armes contre son roi , et celui qui ne pouvant les prendre lui-même , vient s'offrir prêt à contribuer par les dons qu'il appelle patriotiques aux fraix de la guerre impie que font les rebelles ? ne sont-ils pas tous également coupables , et l'ordonnance du roi qui met Buonaparte hors la loi , n'a-t-elle pas déjà prononcé sur leur sort ?

Quelle confiance pourraient-ils donc mériter aujourd'hui , et quelle raison pourraient-ils alléguer pour leur justification ?

Diraient-ils qu'il a fallu céder à la force , et qu'ils ne pouvaient, sans avoir prêté le serment qu'on exigeait d'eux , continuer l'exercice de leurs fonctions ?

Vain prétexte ! excuse frivole ! qui pouvait les forcer à le continuer cet exercice ? n'avaient-ils pas la faculté de donner leurs démissions , et pouvait-il y avoir à balancer entre la perte de l'honneur , et celle de quelques misérables émoluments.

Quel funeste exemple n'a pas fourni cette cour , à qui une basse adulation a fait donner le nom de cour suprème, trop souvent séduite par les subtilités de M. Merlin , son procureur-général , qu'on peut quelquefois opposer à lui-même ? appelée elle-même au tribunal de l'honneur , que pourra-t-elle répondre pour justifier sa lâcheté et sa bassésse ?

Loin de nous tous ces ministres qui souillent ainsi le temple de Thémis : loin de nous les administrateurs qui ont marché sur leurs traces , et violé comme eux la foi de leurs serments : oh ! ma chère patrie , où sont donc tes *Regulus ?*

Et que dire de tous ceux qui ont poussé l'infamie jusqu'à donner par leurs signatures leur adhésion à cet acte monstrueux appelé acte aditionnel à la constitution , qui exclut à jamais les Bourbons du trône de leurs pères ? Ces infames auraient-ils l'impudence de rendre la justice au nom de ce roi qu'ils ont voulu sacrifier à la rage du monstre furieux auquel ils décernaient la couronne ? Le roi quelque bon , quelque généreux qu'il soit , pouvait-il souffrir qu'ils demeurassent plus long-tems entourés des. fleurs chéries des français qui n'ont pas craint de fouler aux pieds ? Quand on a poussé la scélératesse jusqu'à ce

C 2

point , ne pourrait-on pas la pousser encore jusqu'à porter ses mains sacriléges sur la personne sacrée de son roi, et enfoncer le poignard dans son sein ? Tous coupables , tous indignes de la confiance du souverain et des citoyens , ils ne sont donc plus propres qu'à être voués au mépris et à l'indignation publique.

Mais si le renouvellement des tribunaux est une opération qui ne peut pas être différée , il faut cependant y procéder de manière qu'on ne puisse se tromper sur le choix des juges , en ne laissant aucune porte ouverte à l'intrigue , à la faveur et à la protection. Le mérite seul doit le déterminer , et il y a un moyen aussi simple , qu'infaillible à prendre , pour que la religion du roi ne puisse jamais être surprise.

Sans doute pour remplir les importantes fonctions de juges, il faut avoir des connaissances dans le droit , d'après lequel les citoyens doivent être jugés : c'est donc nécessairement dans la classe des personnes instruites en la partie de la législation , que les juges doivent être choisis.

On doit donc commencer par former dans chaque cour d'appel un tableau de tous les avocats et gens d'affaires de cette cour et de tout son ressort. En marge de ce tableau seront marqué l'époque de la réception de chacun , et le tems de sa postulation , avec une note sommaire des principes qu'il aura professé dans la révolution : c'est cette note qui apprendra à connaître les hommes. Aux connaissances dans le droit , un magistrat doit joindre encore d'autres qualités importantes , et sur-tout une exacte probité.

Ce tableau sera formé dans chaque cour d'appel par un certain nombre d'anciens avocats qui prendront tous les renseignemens nécessaires sur les autres avocats et gens d'affaires du ressort.

Ainsi formé, il sera envoyé au ministre de la justice ; qui choisira sur le nombre des personnes inscrites, celles qui lui paraîtront les plus dignes d'être présentées au roi.

Pour que la porte soit entièrement fermée à l'intrigue et à la protection, il faut absolument que la formation de ce tableau soit précédée par une loi qui détermine les qualités d'éligibilité et le tems nécessaire d'exercice dans la profession pour pouvoir être nommé juge dans les différens tribunaux, de première instance, des cours d'appel et cour de cassation.

Quelqu'un se présentera-t-il pour obtenir une de ces places ? on n'a qu'une demande à faire, a-t-il les qualités requises par la loi ? le protecteur le plus puissant n'a rien à répliquer, si par hasard son protégé n'a pas les qualités déterminées.

Voilà le seul et unique moyen à prendre, pour que la France puisse avoir à se glorifier du choix des magistrats chargés de rendre la justice à ses citoyens.

Depuis le commencement de la révolution jusqu'à ce jour les tribunaux n'ont pas été organisés comme ils doivent l'être : le vice de cette organisation n'a jamais eu d'autre cause que l'absence d'une loi qui déterminât les qualités d'éligibilité, telles qu'il le faut, pour constituer le vrai magistrat.

On doit suivre à-peu-près la même route pour le choix des administrateurs, et n'appeler aux places, que des personnes probes, éclairées, et bien connues par leur attachement et leur fidélité au roi. Si tels avaient été les administrateurs l'année dernière, Buonaparte eût trouvé son tombeau dans le premier pays qu'il eût eu la témérité d'aborder.

Ici j'aurai bien des réflexions à faire sur le mode employé pour la formation des administrations et sur les administrations elles-mêmes : il ne me serait peut-être pas bien difficile de prouver que nos anciennes institutions à cet égard, comme sur toutes les autres parties, étaient préférables aux modernes par la rapidité de la marche, le petit nombre des personnes nécessaires pour remplir les différens objets, et sur-tout l'économie dans les dépenses : mais la charte constitutionnelle m'impose si-e nce sur ce point. Dans sa haute sagesse le roi a pensé que la nouvelle forme était préférable à l'ancienne, et nous devons être persuadés, que ce n'est qu'après les plus mûres réflexions, qu'il s'est déterminé à l'adopter.

Mais sans toucher à la constitution, on pourrait bien supprimer tous les conseils de préfecture et ces sous-préfets, qui sans aucune espèce d'utilité, coûtent des sommes considérables à l'état. Un seul intendant ne suffisait-il pas autrefois pour administrer toute une province, sans autre secours que celui des subdélégués qu'il choisissait lui-même, et qui ne retiraient aucun émolument ?

Telles sont, Messieurs, les mesures d'intérêt et de salut public que me suggère l'amour de la patrie, et que nécessitent les malheureux événemens dont nous venons d'être témoins, et victimes.

Ces mesures ne doivent pas être prises à demies : elles sont si étroitement liées et leur concours devient si né-cessaire, que l'omission d'une seule rendrait toutes les autres inutiles. Il est de vérité éternelle que les demi-douces mesures à la fin des révolutions, ne sont propres qu'à les faire renaître, à engendrer de nouveaux malheurs, et à faire couler à grands flots le sang innocent.

Tous les fidèles sujets du roi attendent avec autant d'empressement que de confiance, la grand'-œuvre de notre régénération : lui seul peut consolider à jamais notre bonheur , et tarir la source de tous les maux qui nous affligent depuis si long-tems.

Que les nouveaux impôts à mettre pèsent principalement sur ceux qui par leur criminelle conduite en ont rendu la levée indispensable : que toutes les autorités judiciaires et administratives , ne soient confiées qu'à des mains pures , à des personnes instruites et bien connues par leur attachement et leur fidélité à l'auguste famille des Bourbons : que toutes celles qui se sont prononcées ouvertement pour le tyran usurpateur , et ont cherché à favoriser directement ou indirectement sa criminelle entreprise, soient à jamais exclus de toutes places et fonctions : que tous les crimes , sans exception , soient punis; c'est le seul moyen d'imprimer la terreur dans l'ame des méchants : ils viennent de nous apprendre que les corrections paternelles n'ont aucun empire sur eux , et que l'impunité ne sert qu'à augmenter leur férocité.

Voilà , Messieurs , la vérité toute entière : voilà la justice qu'exige le salut de l'état : voilà les vœux de la nation que vous représentez.